Mein Usborne-Naturführer

Über 250 Tiere und Pflanzen

Illustriert von
Stephanie Fizer Coleman

Text: Sam Smith und Kirsteen Robson

Gestalterische Leitung: Jenny Addison

Wie du dieses Buch verwenden kannst

Schmökere in diesem Buch, um mehr über die Tiere, Blumen und Bäume herauszufinden, denen du im Garten, im Park oder im Wald begegnest.

Wenn du draußen etwas entdeckst, versuche ein Bild davon zu finden und mehr darüber zu erfahren.

Inhalt

Gartenvögel

Stieglitz

Wellenförmiger Flug und zwitschernder Gesang. Frisst kleine Samenkörner.

Halte nach dem gelben Streifen auf den Flügeln Ausschau!

Gimpel

Lebt in Hecken und an Waldrändern. An seinen sanften „Djü“-Lauten zu erkennen.

Das Männchen ist rot, das Weibchen hellbraun.

Im Winter ist er oft in Schwärmen auf den Feldern zu finden.

Buchfink

Sein sehr lauter, rhythmischer Gesang klingt ein bisschen wie sein Name: „Fink, fink“. Das Weibchen ist hellbraun gefärbt.

Grünfink

Auch im Winter anzutreffen.
Im Frühling hört man
sein lautes „Jüpp“.

Blaumeise

An ihren „Zi-zi-zi“- und
„Tschrrr“-Rufen zu erkennen.

Kohlmeise

Lebt in Wäldern und
Gärten. Ihr Gesang
klingt wie „zizidäh“
und „ti-ta, ti-ta“.

Gartenvögel

Singdrossel

Singt laut und trillernd. Oft dabei zu beobachten, wie sie Schneckenhäuser an Steinen aufbricht.

Ihre blasse Brust ist mit dunklen Flecken gesprenkelt.

Heckenbraunelle

Frisst am Boden unter Vogelhäusern. Huscht umher wie eine Maus. Zuckt oft mit den Flügeln.

Sie ist scheu und versteckt sich gern.

Rotkehlchen

Weibchen und Männchen singen im Gegensatz zu anderen Vogelarten auch im Winter. Längeres Pfeifen, gefolgt von perlendem Trillern. Bei Gefahr ruft es „tik-tik".

Amsel

Der laute melodische Gesang des Männchens ist oft bei Sonnenaufgang und Sonnenuntergang zu hören.

Zaunkönig

Sehr klein. Lautes Zwitschern, gefolgt von einem kräftigen Trillern. Fliegt zumeist sehr schnell über den Boden.

Türkentaube

In großen Gärten, Parks oder in der Nähe von Bauernhöfen zu finden. Wiederholter lauter „Gu-guu-gu"-Ruf.

Stadtvögel

Stadttaube

Sehr häufig zu sehen. Brütet auf Simsen und ernährt sich von Samen und Speiseresten.

Star

Kreist oft in großen Schwärmen durch die Luft. Imitiert den Gesang anderer Vögel und kann wie ein Telefon oder ein Autoalarm klingen.

Haussperling

Meist Spatz genannt. Lebt an Orten, an denen auch Menschen wohnen. Tritt oft in Scharen auf. Ist an seinen „Tschilp-tschilp"-Lauten zu erkennen.

Elster

In Parks, Gärten, Wäldern und auf Ackerland zu finden. Ruft laut „schack-schack".

Mauersegler

An Sommerabenden von Mai bis August zu sehen. Fliegt schnell, oft in Schwärmen, und fängt Insekten. Kreischender Ruf.

Bachstelze

Wippt beim Laufen und Fliegen mit dem Schwanz. Ruft fröhlich „zi-lipp".

Waldvögel

Eichelhäher

Versteckt sich meistens in Bäumen, ist manchmal aber auch in Gärten zu sehen. Sein Warnruf klingt wie „rätsch-rätsch“.

Mönchsgrasmücke

Fliegt von Ast zu Ast. Schwätzender Gesang. Ihr Warnruf klingt, als würde man zwei kleine Steine aufeinanderklopfen.

Fitis

Der Fitis ist ein Sommervogel. Seine hellen Beine und sein zuerst hoher, dann tiefer Gesang unterscheiden ihn vom Zilpzalp.

Nachtigall

Ihr kräftiger, melodischer Gesang ist vor allem nachts zu hören.

Sie nistet in dichtem Buschwerk.

Buntspecht

So groß wie eine Amsel. „Trommelt“ im Frühling mit dem Schnabel auf Baumstämmen.

Er hat unter dem Schwanz einen knallroten Fleck.

Grünspecht

Ungefähr taubengroß. Frisst oft am Boden. Sein „Klü-klü-klü“-Ruf klingt wie glucksendes Lachen.

Waldvögel

Er nistet in vorhandenen Höhlen in Bäumen.

Kleiber

Auffällig kurzer Schwanz. Klettert in kurzen Hüpfern an Baumstämmen hinauf und hinab.

Tannenmeise

Bevorzugt Nadelwälder, ist aber oft auch auf Laubbäumen zu sehen. Hat einen länglichen weißen Nackenfleck.

Im Winter fliegt sie mit anderen Meisen im Schwarm.

Schwanzmeise

In Hecken und an Waldrändern zu finden, meist in Gruppen. Ruft „sri-sri-sri“.

Sie baut ihr Nest aus Moos.

Dohle

Hält sich in der Nähe von alten Bäumen, Häusern oder an Klippen auf. Nistet gern in Kolonien.

Rabenkrähe

Meist allein oder in Paaren anzutreffen. Allesfresser. Am tiefen, rauen „Krah-krah"-Ruf zu erkennen.

Waldbaumläufer

Klettert Baumstämme hoch, um Nahrung zu suchen. Macht sich durch hohe Laute bemerkbar.

Feldvögel

Sie baut halbkugelförmige Nester unter Dachvorsprüngen.

Mehlschwalbe

Im Sommer sowohl auf dem Land als auch in der Stadt beheimatet. Fängt Insekten im Flug.

Rauchschwalbe

Von April bis Oktober zu sehen. Saust in geringer Höhe durch die Luft, um Insekten zu fangen.

Sie hat einen gegabelten Schwanz mit langen dünnen Federn.

Fasan

Wenn er aufgescheucht wird, flattert er auf und ruft „gögöck“. Das Weibchen ist braun gesprenkelt.

Das hier ist ein Fasanen-Männchen (Hahn).

Goldammer

Fühlt sich auf offenem Gelände wohl. Ihr rhythmischer Gesang besteht aus kurzen „tzi“-Lauten, gefolgt von einem langen „tziii…“.

Sie ist im Winter in Schwärmen zu sehen.

Sie nistet am Boden auf weitläufigen Offenflächen.

Feldlerche

Das Männchen windet sich im Flug immer weiter hinauf, verharrt und gleitet wieder hinab. Dabei zwitschert es sein fröhliches Lied.

Kuckuck

Das Männchen ruft „gu-kuh“. Im Sommer in ganz Europa zu finden.

Der Ruf des Weibchens klingt wie ein Kichern.

Eulen und Nachtvögel

Waldohreule

Versteckt sich auf Ästen in dichten Kiefernwäldern. Jagt nachts und schläft tagsüber.

Sumpfohreule

Stechender Blick. Jagt tagsüber und in der Abenddämmerung in offenem Gelände. Ruht am Boden.

Schleiereule

Fliegt nachts in geringer Höhe über Felder, um kleine Säugetiere zu erbeuten. Ihr Ruf ist ein schrilles Kreischen.

Steinkauz

Kleine, flachköpfige Eule, die ruckartige Kopfbewegungen macht. Fliegt in geringer Höhe über Felder und jagt in der Abenddämmerung.

Er nistet meist in Baumhöhlen.

Waldkauz

Jagt nachts in der Umgebung von Wäldern oder alten Bäumen. Das Männchen ruft „huu-huuhu-huu“, das Weibchen antwortet „ku-witt“.

In der Nähe von Wäldern jagt er gern.

Ziegenmelker

Im Sommer in Heidelandschaften zu sehen. Jagt nachts Insekten. Schnurrender Gesang in verschiedenen Tonhöhen.

Er verbringt den Winter in Afrika.

Wasservögel

Stockente

Das Männchen ruft „rääb-räb-räb-räb“. Das Weibchen ist braun gesprenkelt und ruft „wäk-wäk-wäk“.

Sie lebt auf Flüssen, Kanälen, Teichen und Seen.

Sie hat einen weißen Fleck unterm Schwanz.

Teichralle

Am roten Schnabel und weißen Schwanz zu erkennen. Ruft laut „kürrk“. Lebt in der Nähe von Teichen, Seen oder Flüssen.

Höckerschwan

Großer Vogel, auf Seen oder Flüssen zu finden. Zischt und schlägt bedrohlich mit den Flügeln, um sein Revier zu verteidigen.

Junge Schwäne sind graubraun.

Eisvogel

Kleiner Vogel mit bunt schillerndem Federkleid. Taucht in Seen und Flüssen nach Fischen. Macht sich durch einen schrillen Pfeifton bemerkbar.

Kannst du seinen schrillen Pfiff ausmachen?

Kanadagans

Diese große Gans mit laut trompetendem Ruf kommt oft in Parks vor.

Sie lebt oft in großen Gruppen.

Er hat im Flug einen langsamen Flügelschlag.

Graureiher

Lauert an Flüssen oder Seen, um mit seinem langen, spitzen Schnabel Fische zu fangen.

Watvögel

Austernfischer

Meist an der Küste zu finden,
besonders im Winter.
Frisst Schalentiere.

Er knackt mit seinem
Schnabel Muscheln.

Goldregenpfeifer

Brütet in Hochmooren.
Versammelt sich im Winter
in Schwärmen auf Marschland
oder auf Feldern im Flachland.

Hat einen
weißen Fleck
auf der
Unterseite.

Großer Brachvogel

Nistet in Moorgebieten und auf
Feldern im Hochland. Außerhalb
der Brutzeit an der Küste zu
finden. Ruft „kuri-li“.

Flussuferläufer

An Seen im Hochland zu finden, im Frühling und Herbst in feuchten Gebieten in der Ebene.

Beim Laufen wippt sein Schwanz auf und ab.

Kiebitz

Brütet hauptsächlich auf Feuchtwiesen und in Mooren, im Winter aber auch auf Feldern. Führt in der Brutzeit akrobatische Balzflüge auf. Ruft „kiju-wit, kiju-wit".

Er sieht von Weitem schwarz-weiß aus.

Alpenstrandläufer

Oft an Küsten zu beobachten, brütet aber in Moorgebieten. Meist in Schwärmen unterwegs.

Seine Federn werden im Winter grau.

Greifvögel

Er wird im Sturzflug atemberaubend schnell.

Wanderfalke

Nistet an Steilküsten oder Felsen im Landesinneren. Jagt im Winter an Flussmündungen und in Feuchtgebieten. Stürzt sich aus der Höhe auf kleinere Vögel.

Mäusebussard

Großer Greifvogel mit breiten Flügeln. Kreist im Segelflug über Mooren und Feldern und macht Jagd auf andere Tiere. Miauender Ruf.

Halte nach ihm Ausschau, wenn er langsam seine weiten Kreise zieht!

Turmfalke

Jagt oft an Straßenböschungen und „steht" dabei in der Luft. Nistet auch in der Stadt.

Rotmilan

In Wäldern in der Nähe von Seen und über offenen Feldern zu sehen. Fliegt mit großer Ausdauer.

Kannst du seinen tief gegabelten Schwanz erspähen?

Die Weibchen sind größer und haben braunes Gefieder.

Sperber

Macht Jagd auf kleine Vögel, besonders an Hecken, Waldrändern und manchmal in Gärten. „Steht" nie im Flug.

Steinadler

Großer Vogel mit mächtigen Flügeln und langen Schwanzfedern. Lebt in den Alpen. Kann weite Strecken im Gleitflug zurücklegen.

Seine Flügelspannweite kann größer als ein Auto sein.

Er baut riesige Nester auf Bäumen und in Felswänden.

Städte und Gärten

Leyland-Zypresse

Dichter, immergrüner Baum, der oft als Hecke gepflanzt wird.

winzige, geschuppte Blätter

Sie blüht im Frühling.

Gewöhnliche Rosskastanie

Große Blätter mit fünf bis sieben Einzelblättchen. Ab September fallen stachelige Fruchtbecher mit glänzend braunen Kastanien zu Boden.

Kastanie in der Schale

Ahornblättrige Platane

Kommt oft in Städten vor. Ihre glänzenden Blätter färben sich im Herbst goldbraun.

Die kugeligen, stacheligen Früchte bleiben den Winter über am Baum.

Spitzahorn

Elegante grüne Blätter, die im Herbst goldgelb werden und dann abfallen. Die Samen ähneln einem Paar Flügel und wirbeln im Oktoberwind zu Boden.

Holländische Linde

Die Blätter sind herzförmig mit gezähntem Rand. Im Oktober reifen kugelige graugrüne Früchte, die an einem Flügelblatt hängen.

Blauer Eukalyptus

Immergrüne silberblaue Blätter.
Je älter der Baum, desto grüner und länger werden seine Blätter. Entwickelt holzige Kapseln voller reifer Samen.

Parks

Bergahorn

Großer Baum mit breiter Baumkrone und ledrigen Blättern. Die Samen haben Flügel, die wie ein „V“ aussehen. So werden sie durch die Lüfte getragen, wenn sie vom Baum fallen.

Echte Walnuss

Gefiederte Blätter, die zuerst bronzefarben, dann grün sind. In den glatten, grünen Fruchthüllen wachsen leckere Walnüsse, die im Herbst reif werden.

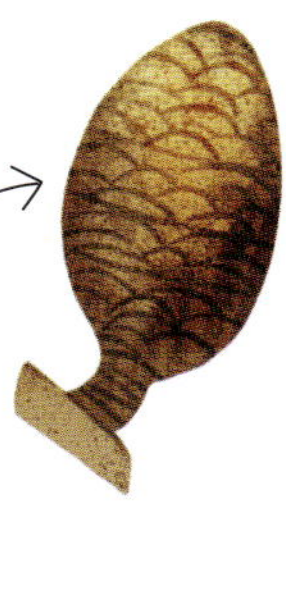

Libanon-Zeder

Immergrüne Nadeln. Die Äste sind dicht belaubt und stehen rechtwinklig ab. Im September tragen sie eiförmige Zapfen, die eine gerundete Spitze haben und in die Luft ragen.

Lawsons Scheinzypresse

Immergrüner Baum mit sehr kleinen schuppigen Blättern, die ein bisschen nach Petersilie riechen. Im Herbst wachsen erbsengroße braune Zapfen. Wird oft als Hecke gepflanzt.

Die Zapfen wachsen an den Zweigspitzen.

Gewöhnliche Mehlbeere

Die großen, gezähnten Blätter haben eine pelzige weiße Unterseite. Im Mai trägt der Baum weiße Blüten und im September rote Beeren.

hellrote Beeren

Chilenische Araukarie oder Andentanne

Die harten, glänzenden Blätter bedecken die Äste wie Dachziegel. An der Rinde sieht man ringförmige Narben von abgefallenen Ästen.

dicke, stachelige, immergrüne Blätter

Hecken

Wildbirne

Trägt im April und Mai prächtige weiße Blüten. Die kleinen Birnen reifen süß und nehmen bis September oder Oktober eine goldgelbe Farbe an.

Holzapfel

Rundliche Blätter mit gezähntem Rand. Rosa-weiße Blüten im Mai und kleine, gefleckte Äpfel im September und Oktober.

Gemeine Hasel

Die behaarten, rundlichen Blätter laufen spitz zu. Die Haselnüsse reifen im frühen Herbst. Beliebte Nahrungsquelle für Eichhörnchen.

Europäische Stechpalme

Immergrüner Baum mit glänzenden, stechenden Blättern. Kleine weiße Blüten im Mai und giftige rote Beeren im Herbst und Winter.

Schwarzer Holunder

Seine winzigen cremeweißen Blüten verströmen im Juni einen starken Duft. Die kleinen dunkelvioletten Beeren sind roh giftig, gekocht aber essbar.

Eingriffeliger Weißdorn

Seine glänzend dunkelgrünen Blätter wachsen an dornigen Zweigen. Im Mai sprießen kleine weiße Blüten, ab September hat der Strauch dann dunkelrote Früchte.

Im Wald

Rotbuche

Ovale, am Rand leicht gewellte Blätter, die im Herbst rotbraun sind. Kleine grüne Blüten von April bis Mai. Die dreikantigen Samen – die sogenannten Bucheckern – fallen im Herbst aus ihren Fruchtbechern.

Die Nuss hat eine behaarte Hülle.

Gemeine Esche

Gefiederte Blätter mit mehreren Einzelblättchen. Purpurrote Blüten im April und geflügelte Nussfrüchte im Oktober.

Die Früchte fallen im Winter und Frühjahr.

Die Eicheln haben kleine „Hütchen" auf.

Stieleiche oder Deutsche Eiche

Kurzstielige, gelappte Blätter. Tief gefurchte Rinde. Die Früchte, Eicheln genannt, sind im Oktober reif und baumeln an langen Stielen.

Edelkastanie

Von Juni bis Juli trägt sie unangenehm riechende gelbe Blüten. Die glänzend braunen Kastanien wachsen in stacheligen Kapseln und sind im Oktober reif.

Elsbeere

Ihre weißen Blüten erscheinen im Mai und verwandeln sich bis September in ovale braune Früchte mit hellen Flecken. Die grünen Blätter färben sich tiefrot, bevor sie abfallen.

Die saure Frucht wird auch „Ruhrbirne" genannt.

Europäische Eibe

Immergrüner Baum mit weichen Nadeln und dunklen Samen. Von Februar bis April wachsen winzige grüne oder größere hellgelbe Blüten. Im September bilden sich fruchtartige rote Samenmäntel.

Diese hochgiftigen Nadeln und Samen solltest du nicht berühren!

Im Wald

Hainbuche

Ihre glatte graue Rinde hat im Alter ein helles Netzmuster. In den grünen geflügelten Früchten wachsen Nüsse, die im September reifen und wirbelnd zu Boden fallen. Oft an Straßen und Alleen zu sehen.

Europäische Lärche

Büschel weicher Nadeln, die sich später gelb färben und dann abfallen. Im März sprießen ihre Blüten. Ihre reifen Zapfen sind braun und eiförmig.

Douglasie

Die weichen Nadeln riechen nach Orangen und stehen am Zweig wie die Borsten an einer Bürste. Hängende Zapfen mit langen, herausragenden Deckschuppen, die an der Spitze dreizipfelig sind.

Hängebirke

Hängende Äste und weiße Rinde, die in papierdünnen Streifen abblättert. Von April bis Mai trägt der Baum längliche Blüten, die sogenannten Kätzchen.

Vogelkirsche

Rotbraune Rinde mit Querstreifen und zugespitzte Blätter mit gesägtem Rand. Im April mit weißen Blüten bedeckt. Vögel mögen die bitteren Kirschen, die zuerst rot und bei ihrer Reife im Juli dann schwarz sind.

Winterlinde

Von Juni bis Juli wachsen büschelweise grünlich gelbe, duftende Blüten. Daraus entstehen später die kugeligen Früchte.

In Wassernähe

Die Oberseite der Blätter ist dunkelgrün.

Silberpappel oder Weißpappel

Ihr Stamm ist meist leicht in eine Richtung gekrümmt. Die Blätter sind an der Unterseite pelzig und strahlend weiß.

Gewöhnliche Traubenkirsche

Mattgrüne, ovale Blätter mit gesägtem Rand. Bildet im April kleine weiße Blüten, die in Trauben stehen. Vögel mögen ihre bitteren schwarzen Kirschen.

Die Blüten und Kirschen wachsen an kurzen Stängeln.

längliche, schmale Blätter

Trauerweide

Leicht zu erkennen an ihren dünnen goldgelben Zweigen, die bis zum Boden herabhängen. Die länglichen, schmalen Blätter haben einen gesägten Rand.

Bruchweide

Hat längliche, gesägte Blätter. Die Zweige lassen sich leicht abbrechen – so erhielt der Baum seinen Namen.

Espe

Rundliche Blätter mit gewelltem Rand und langem, flach gedrücktem Blattstiel. Die Blätter zittern beim leisesten Lüftchen, daher auch die Bezeichnung „Zitterpappel" und die Redewendung „zittern wie Espenlaub".

Schwarzerle

Die dunkelgrünen Blätter sind rundlich und haben oben anstatt einer Blattspitze meist eine Delle. Zapfenähnliche Früchte, deren Samen sich auch über Flüsse verbreiten.

Moor und Heide

Gemeiner Wacholder

Immergrüner, kleiner, buschiger Baum mit stechenden Nadeln, die zu dritt stehen. Die beerenartigen Zapfen färben sich im zweiten Jahr blauschwarz.

Die Beeren brauchen zum Reifen bis zu drei Jahre.

Waldkiefer

Immergrüner Baum mit kurzen Nadelpaaren und spitzen Zapfen. Hat zunächst eine glatte, später dann rissige, geschuppte Rinde. Hat einen langen Stamm, an dem die Rinde unten grau und weiter oben rot gefärbt ist.

geschlossene, spitze Zapfen

Feldahorn

Kleine Blätter, die leicht glänzen und sich im Herbst goldgelb färben. Die Samen haben „Flügel" wie aus Papier.

Die Blüten werden zu geflügelten Samen.

Purgier-Kreuzdorn

Dieser kleine, dornige Strauch hat dunkelgrün glänzende Blätter, die sich nach innen biegen. Seine kugeligen schwarzvioletten Früchte sollte man nicht essen.

Schlehdorn

Im März und April sind seine dornigen Äste von weißen Blüten übersät, erst später sprießen dann die Blätter. Die schwarzblauen Beeren werden Schlehen genannt. Sie sind im Herbst reif.

Gewöhnlicher Spindelstrauch

Im Herbst trägt der Strauch leuchtend rosafarbene, giftige Früchte. Seine Blätter haben dann oft eine tief orangerote Farbe.

Sümpfe und Auen

kugelige violett-braune Zapfen

Im Herbst verliert sie ihre weichen Nadeln.

Echte Sumpfzypresse

Federähnliche hellgrüne Nadeln, die sich rostrot-orange färben, bevor sie abfallen. Die Wurzeln liegen unter Wasser und haben hölzerne Verlängerungen an der Oberfläche. Diese versorgen die Wurzeln mit Sauerstoff und werden „Atemknie“ genannt.

Moorbirke

Hat einen aufrechteren Wuchs als die Hängebirke. Helle, bräunlich weiße Rinde und dunkelgrüne, dreieckige Blätter, die unten gerundet sind.

Die Stängel und Äste sind samtweich.

glänzende, herzförmige Blätter

Schwarzpappel

Graubraune, oft schwarz aussehende, tief gefurchte Rinde. Ihre Blätter können dreieckig-eiförmig, rautenförmig oder lang zugespitzt sein. Die Knospen haben einen süßlichem Geruch.

Lorbeerweide

Die Zweige und Blätter haben einen starken Glanz. Aus den gelbgrünen Kätzchen entwickeln sich Fruchtkapseln mit winzigen, fedrig behaarten Samen.

Die grünen Kätzchen werden weiß und flauschig.

Die reifen Beeren werden sehr dunkel, fast schwarz.

Faulbaum

Strauch mit brüchigen Zweigen. Seine giftigen Beeren wechseln beim Reifen mehrmals die Farbe – zuerst sind sie grün, dann rot und schließlich schwarzviolett.

Die Blätter sind lang und dünn.

Korbweide

Lange, schmale, glänzende Blätter, die an der Unterseite mit seidigen silbernen Haaren bedeckt sind. Die gelbgrünen Zweige sind stark und biegsam und werden deshalb zum Flechten von Körben verwendet.

Gebirgslandschaften

cremeweiße Blüten im Frühling

Eberesche

Wächst oft einzeln an Berghängen. Die gefiederten Blätter bestehen aus neun bis 15 Einzelblättchen. Im Mai trägt der Baum cremeweiße Blüten, im August reifen die roten Beeren.

Blutbuche oder Purpurbuche

Hat dunkelrote bis dunkelviolette, ovale Blätter. In den stacheligen Fruchtkapseln stecken Nüsse, die Bucheckern, die roh für den Menschen giftig sind.

kupferbraune Blätter im Herbs

Traubeneiche

Gelappte Blätter, die einen längeren Blattstiel als die der Stieleiche haben. Die eiförmigen Eicheln reifen im Herbst.

Die Eicheln wechseln die Farbe von grün zu braun.

Westliche Hemlocktanne

Flache Nadeln, die an der Oberseite grün und an der Unterseite silbern sind. Kleine braune Zapfen, die sich weich anfühlen. Sie baumeln von September bis Oktober an den Trieben.

Bergulme

Sehr große, spitz zulaufende Blätter mit gesägtem Rand und sehr kurzem Blattstiel. Von Februar bis April wachsen büschelweise winzige rotbraune Blüten.

Sitka-Fichte

Stechende Nadeln mit silbrig weißer Unterseite. Die hellbraunen Zapfen haben dünne, papierartige Schuppen mit ausgefransten Rändern.

In Küstennähe

Tamariske

Etwas „wuscheliger“ Baum, der von Mai bis September rosafarbene Blüten trägt. Mit ihren graugrünen, schuppigen Blättchen sehen die Zweige wie Federn aus.

Steineiche

Immergrüner Baum mit dunkelgrünen Blättern, die auf der Unterseite mit hellen Haaren bedeckt sind. Es gibt verschiedene Blattformen. Die kleinen Eicheln färben sich rotbraun, wenn sie reif sind.

kleine, spitze Eicheln

Kleine, bittere Beeren hängen am Ast gebündelt.

Sanddorn

Dorniger Strauch mit dichtem Wuchs und schmalen silbergrünen Blättern. An den weiblichen Pflanzen wachsen die saftigen orangefarbenen Sanddornbeeren.

Monterey-Kiefer

Immergrüner Baum mit langen, dünnen Nadeln, die zu dritt stehen. Die Zapfen sind fest und asymmetrisch. Wächst gut in trockenem, sandigen Untergrund und wurzelt tief, um an Wasser zu kommen.

Die Zapfen öffnen sich nur bei Waldbränden, damit danach neue Bäume aus den Samen wachsen können.

Sie ist oft in Parks und Gärten zu finden.

Monterey-Zypresse

Dicht bewachsene Zweige mit kleinen, schuppigen Blättern, die nach Zitrone riechen, wenn man sie zerreibt. Die kugeligen Zapfen haben Knubbel auf den Schuppen.

Schwarzkiefer

Der lange Stamm ist oft ein wenig zur Seite geneigt. Steife Nadeln, die paarweise stehen. Ihre großen Zapfen öffnen sich weit, sobald sie reif sind.

Sie ragt oft über Heideland.

Im Garten

Siebenpunkt-Marienkäfer

Häufiger Gast in Gärten, Hecken, Wäldern und Wiesen. Überwintert in Ritzen von Schuppen, Häusern oder Baumrinden. März–Oktober.

Dunkle Erdhummel

Schwirrt im Sommer von Blume zu Blume, um Nektar zu sammeln. In kleinen gelben „Körbchen" an den Beinen transportiert sie Pollen. Februar–Oktober.

Sie nistet in Erdhöhlen.

blaue Punkte entlang der Flügelkante

Kleiner Fuchs

Hält Winterschlaf. Legt seine Eier in Klumpen auf der Unterseite von Brennnesselblättern ab. Mag viele verschiedene Blumen. März–November.

Grüne Florfliege

In Gärten und Hecken zu finden. Wird von Licht angezogen und gelangt so auch ins Haus. Überwintert in Schuppen und anderen Gebäuden. April–Oktober.

Brauner Bär

Meist nachtaktiv. Als Raupe ist er borstig und kann auf der Haut starken Juckreiz verursachen – also: Finger weg von den Raupen! Juni–September.

Schwarzer Moderkäfer

Kommt nachts aus seinem Unterschlupf. Ruht tagsüber unter Steinen oder Laub. Hebt bei Gefahr den Hinterleib und spreizt die Kieferzangen. April–Oktober.

Im Garten

Tagpfauenauge

Mit den „Augen“ auf den Flügeln schreckt er Feinde ab. Bei geschlossenen Flügeln ähnelt er einem trockenen Blatt.

Er trinkt Nektar aus Blüten des Sommerflieder und aus anderen Blumen.

Siehst du diese Zangen?

Gemeiner Ohrwurm

Schläft tagsüber an feuchten Stellen, zum Beispiel unter Steinen. Kriecht nachts zum Fressen hervor.

Schwarze Wegameise

Fleißige Arbeiterin und Sammlerin. Männchen und Königinnen haben Flügel. Im Sommer verlassen sie das Nest, um sich zu paaren. Die Königinnen bilden dann neue Kolonien. Juni–August.

Sie nascht gern an Früchten und anderen süßen Dingen.

Großer Wollschweber

Saugt mit seinem langen Rüssel Nektar aus Blüten. Legt seine Eier in der Nähe von Bienennestern ab. Die geschlüpften Tiere fressen die Bienenlarven. April–Juni.

Admiral

Kann man oft beim Nektarsammeln auf Efeublüten und Astern beobachten. Mai–Oktober.

Schwebfliege

Durch das schwarz-gelbe Muster sieht sie aus wie eine Wespe, sticht aber nicht. Bleibt oft in der Luft „stehen" und schwirrt auf der Stelle. März–November.

Städte und Parks

Sie sticht besonders im Spätsommer.

Gemeine Wespe

Gelb-schwarz gestreifter Körper mit spitzem Hinterteil. Ernährt sich von süßen Speisen und Getränken, frisst aber auch Nektar und andere Insekten. April–Oktober.

Kleiner Kohlweißling

Die Unterseiten seiner Flügel sind gelblich grau bis weiß. Legt seine Eier einzeln auf Kohlgewächsen ab.
Mai und August.

Die schwarzen Punkte können während des Sommers ausbleichen.

Er flattert tagsüber umher.

Schlehen-Bürstenspinner

Das Männchen ist rostbraun mit zwei weißen Flecken. Die Flügel des Weibchens sind verkümmert, weshalb es nicht fliegen kann. Juli–September.

Jakobskrautbär

Dieser Nachtfalter ist sowohl nachts als auch tagsüber unterwegs. Oft auf Ödland oder an Bahnböschungen zu finden. Mai–August.

Er ruht oft in hohem Gras.

Maikäfer

Häufig in der Nähe von Bäumen zu beobachten. Gerät manchmal in Schornsteine oder stößt gegen eine Fensterscheibe, wenn ihn das Licht anlockt. April–Juni.

Kannst du seine gefiederten Fühler ausmachen?

Zweiundzwanzig-Punkt-Marienkäfer

Dieser winzig kleine Marienkäfer frisst Schimmel, der auf der Erde und auf niedrigen Pflanzen wächst. April–August.

Halte unter bodennahen Blättern nach ihm Ausschau!

Bäume und Wälder

Hirschkäfer

Die gewaltigen Kieferzangen des Männchens ähneln Geweihen. In Süd- und Mitteleuropa verbreitet. Mai–September.

Bremse

Das Weibchen ist ein Blutsauger. Es nähert sich mit lautem Brummen – so wird man meistens noch gewarnt, bevor es zubeißen kann! Mai–September.

Hornisse

Größer als eine Wespe. Nistet in hohlen Bäumen, an Böschungen oder auf Dachböden. Sticht, wenn sie sich bedroht fühlt. Mai–November.

Grüne Stinkwanze

Bevölkert Haselnusssträucher,
Birken und andere Laubbäume.
Mai–Oktober.

Sie wird später im Jahr grünlich-bronzefarben.

Sie ist eine schnelle und gnadenlose Jägerin.

Goldleiste

Ruht tagsüber, versteckt sich in gefallenem Laub, unter Stämmen oder Steinen. Frisst andere Insekten, Schnecken und Würmer.
März–Oktober.

Dornzikade

Dornig aussehendes Insekt, das zwischen Zweigen und Büschen im Wald umherhüpft. Ernährt sich bevorzugt von Eichenblättern.
April–August.

Bäume und Wälder

Pappelschwärmer

Braun, manchmal auch leicht lilafarben. Wenn er ruht, ragen seine Hinterflügel vorne unter den Vorderflügeln hervor. Mai–August.

Er sitzt gut getarnt zwischen den Blättern.

Roseneule

Hat ein rosa-braunes Fleckenmuster auf den Flügeln. Ist nachtaktiv und wird von Licht und Zucker angelockt. Juni–September.

Zackeneule

Nachtaktiver Schmetterling, der tagsüber unter verwelktem Laub ruht. An den kräftig orangefarbenen Stellen auf den Flügeln zu erkennen. März–November.

In Schuppen oder Scheunen hält sie Winterschlaf.

Großer Schillerfalter

Trinkt Wasser aus Pfützen im Wald. Die großen Männchen haben violett schillernde Flügel und fliegen in Baumkronen umher. Juli–August.

Echter Widderbock

Ähnelt einer Wespe, ist aber harmlos und fliegt bei strahlendem Sonnenschein von Blume zu Blume. Mai–August.

Rotköpfiger Feuerkäfer

Lässt sich gern auf Baumstümpfen, Stämmen oder Blumen nieder. Dort badet er in der Sonne und fängt andere Insekten. Mai–Juli.

Wiesen und Grasflächen

Brauner Grashüpfer

Das Männchen erzeugt ein zirpendes Geräusch. An sonnigen Tagen oft an Stellen mit niedrigem Bewuchs zu finden. Mai–Oktober.

Leuchtkäfer

Das flügellose Weibchen sitzt in der Dämmerung auf Grashalmen und lockt mit seinem leuchtenden Hinterleib männliche Artgenossen an. Oft auch Glühwürmchen genannt. Mai–August.

Großer Hopfen-Wurzelbohrer

Das Männchen geht bei Dämmerung in dichtem Gras auf Partnersuche. Die Weibchen erkennt man an der gelben Farbe. Juni–Juli.

Die Weibchen sind meist braun.

Hauhechel-Bläuling

An sonnigen Tagen aktiv. Bei trübem oder regnerischem Wetter ruht er mit dem Kopf nach unten auf Grashalmen. Juni–September.

Grüner Schildkäfer

Zieht bei Gefahr seine Beine und Fühler ein und sieht dann wie eine winzige Schildkröte aus. Ernährt sich von Pflanzen wie der Weißen Taubnessel. April–Oktober.

Er hält sich mit den Füßen gut am Blatt fest.

gewölbter, schwarz glänzender Körper

Gemeiner Mistkäfer

Fliegt abends mit lautem Brummton durch die Luft und sucht Kothaufen. Frisst Kot in der Menge seines eigenen Körpergewichts. April–Oktober.

Wiesen und Grasflächen

Gemeine Blutzikade

Wenn sie ruht, bilden die Flügel ein zeltförmiges „Dach“ über dem Körper. In dichtem Gras und auf Bäumen zu entdecken.
April–Juni.

Zweifleckiger Zipfelkäfer

Wenn sich dieser Käfer in Gefahr befindet, wölben sich stinkende orangefarbene Beutel an seinen Seiten, um Feinde abzuwehren.
April–August.

Binsenschmuckzikade

Ernährt sich von Gräsern. Das Männchen ist türkisfarben oder schwarz, das Weibchen grün. Kommuniziert durch leises Klicken.
Mai–September.

Großes Ochsenauge

Sammelt die Pollen von Disteln und Brombeerblüten, auch an grauen Tagen. Das Weibchen hat auf jedem seiner vier Flügel einen orangefarbenen Fleck. Juni–September.

Die Flecken auf den Flügeln haben in der Mitte einen weißen Punkt.

In hohem Gras fühlt es sich sehr wohl.

Schachbrett

Schwarz-weiß gemusterte Flügel. Wird von violetten Blüten angelockt, zum Beispiel von Disteln, Flockenblumen und Acker-Witwenblumen. Juni–August.

Schwarzblauer Ölkäfer

Großer Käfer, der nicht fliegen kann und auf Wegen oft versehentlich zertreten wird. Sondert ein öliges Sekret ab, wenn er sich bedroht fühlt. März–Mai.

Teiche und Seen

Gemeiner Rückenschwimmer

Besiedelt Tümpel, Kanäle und Gräben. Stößt sich mit den Hinterbeinen ab und schwimmt in Rückenlage. Frisst Kaulquappen und kleine Fische.

Wasserläufer

Kann über das Wasser laufen. Sammelt mit seinen kurzen Vorderbeinen tote oder sterbende Insekten auf. April–Oktober.

Gemeiner Teichläufer

Am Rand von Teichen, langsam fließenden Flüssen und Bächen zu finden. Spießt mit seinen Mundwerkzeugen Mückenlarven und Wasserflöhe auf.

Taumelkäfer

Bei Sonnenschein in Gruppen auf stillen oder langsam fließenden Gewässern zu sehen. Schwimmt blitzschnell im Kreis und taucht ab, wenn man ihn stört. Juli–September.

Gemeine Becherjungfer

Auf Pflanzen in Wassernähe zu beobachten. Das Weibchen ist blau oder grün mit schwarzen Streifen und hat eine weniger kräftige Farbe als das Männchen. April–September.

Plattbauch

Schwirrt über Teichen und Seen, an denen viele Pflanzen wachsen. Fliegt in kurzen Schüben und macht Jagd auf Insekten. Kehrt oft zum gleichen Platz zurück. Mai–August.

Flüsse und Feuchtgebiete

Eintagsfliege

Die erwachsenen Tiere leben oft nur wenige Stunden. In dieser Zeit kommt es zur Paarung und das Weibchen legt die Eier an der Wasseroberfläche ab.

Gebänderte Prachtlibelle

Das Männchen sitzt auf Pflanzen in Wassernähe und flattert mit den Flügeln, um Weibchen anzulocken. Lebt an Kanälen, Bächen und Flüssen mit schlammigem Boden. Mai–August.

Zweigestreifte Quelljungfer

Kann schnell fliegen. In der Nähe von Bächen und Flüssen zu sehen, manchmal aber auch weit weg vom nächsten Gewässer. Mai–September.

Große Königslibelle

Kreist über großen Teichen, Seen und Kanälen. Die erwachsenen Tiere fangen Insekten im Flug. Das Weibchen ist mattgrün gefärbt. Juni–Oktober.

Dies ist eine der größten Libellenarten in ganz Europa.

Sie wird nachts von Licht angezogen.

Riesenschnake

Hält sich oft in Wassernähe auf. Gut zu erkennen an den langen Beinen und dem ungelenk taumelnden Flug. April–August.

Zitronenfalter

Ruht auf Pflanzen und Hecken, wirksam getarnt durch die blätterförmigen Flügel. Das Weibchen hat eine blassgrün-weiße Farbe.

kleine orange-farbene Pünktchen auf den Flügeln

Moor und Heide

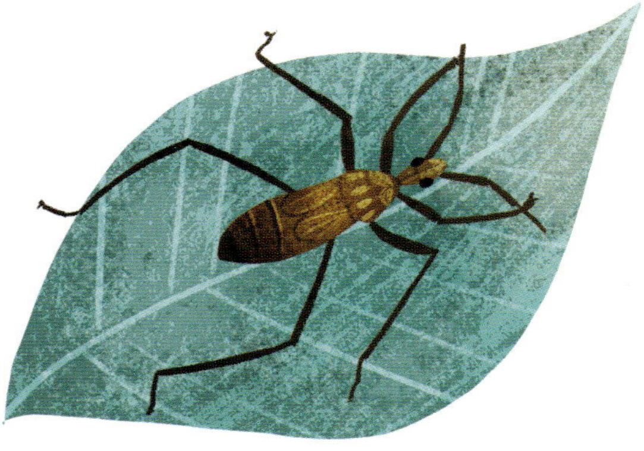

Kurzflügelige Raubwanze

Lebt in offenen Heidelandschaften und auf Sanddünen. Saugt ihre Beute aus. Bei erwachsenen Tieren sind die Flügel meist stark verkürzt. Juni–Oktober.

Feld-Sandlaufkäfer

Flinker Läufer, kann im Notfall aber auch kurze Strecken fliegen. Erzeugt beim Fliegen ein summendes Geräusch. April–September.

Die gerillten Flügeldecken glänzen schwarz.

Stierkäfer

Hat drei stierähnliche Hörner. Lebt auf sandigem Gelände, auf dem auch Kaninchen zu Hause sind, deren Kot er frisst. September–Juli.

Kleines Nachtpfauenauge

Das Männchen schwirrt tagsüber umher, während das Weibchen auf niedrigen Pflanzen ruht und nachts aktiv ist. März–Mai.

Argus-Bläuling

Auf Heidekräutern und -sträuchern zu finden. Das Männchen ist blau, das Weibchen braun. Juni–August.

Großes Wiesenvögelchen

Sammelt Nektar aus den Blüten von Heidegewächsen. Wenn es zu warm, sonnig oder windig ist, ruht es sich auf Gräsern aus und hält dabei die Flügel geschlossen. Juni–August.

Kriech- und Krabbeltiere

Sein Körper besteht aus vielen Segmenten.

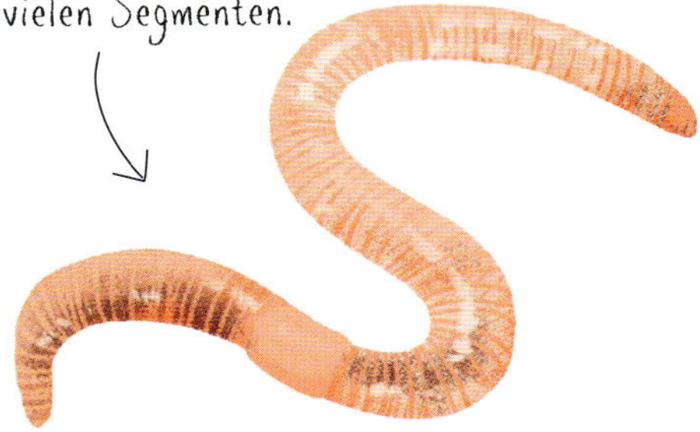

Gemeiner Regenwurm

Gräbt meist Tunnel unter der Erde. Kommt nach Regen an die Oberfläche.

Er jagt Insekten, Nacktschnecken und Spinnen.

Hundertfüßer

Trotz seines Namens hat der Hundertfüßer oft nur 15 Beinpaare, wie dieser hier. Unter Steinen oder Blumentöpfen zu entdecken.

Ihr Haus schützt den weichen Körper.

Weinbergschnecke

Weinbergschnecken sind nützlich. Sie fressen vor allem welke Pflanzenteile und vertilgen die Eigelege der Nacktschnecken. Sie sind meist tagsüber unterwegs. Sie stehen außerdem unter Naturschutz.

Gartenkreuzspinne

Ihre Netze entdeckt man besonders gut im Morgennebel. Dann sammeln sich Tautröpfchen an den seidigen Fäden. April–November.

Mauerassel

Hilfreiches kleines Krabbeltier. Frisst verrottetes Holz, welke Blätter und andere faulende Dinge, und reinigt so den Garten.

Spanische Wegschnecke

In einem einzigen Garten leben manchmal Tausende Nacktschnecken. Sie verbringen den Tag unter der Erde und an anderen dunklen, feuchten Orten.

Am Wegrand

Gänseblümchen

Kleine Pflanze mit rundlichen Blättern ganz unten am Stängel. Wächst oft auf Rasenflächen. Schließt abends und bei Regen die Blüten. Januar–Oktober.

Schmalblättriges Weidenröschen

Große Pflanze mit rosafarbener Blütentraube und länglich-schmalen Blättern. An Bahndämmen und auf Brachflächen zu finden. Juli–September.

Löwenzahn

Weitverbreitete Blume mit gezähnten Blättern unten am Stängel. Wird wegen der weißen, flaumigen Samen, die sich leicht abpusten lassen, auch Pusteblume genannt. März–Juni.

Dach-Hauswurz

Pflanze mit fleischigen Blättern und rötlichen spitzen Blütenblättern, die eine Rosette bilden. Blüht nicht jedes Jahr. An alten Mauern und auf Dächern zu finden.

Zimbelkraut

Klettert mit seinen schlanken Stängeln an alten Mauern hinauf. Die Blüten sind blasslila und in der Mitte gelb. Mai–September.

Große Brennnessel

Die Härchen an den Unterseiten der gezähnten Blätter können auf der Haut brennen. Hängende, grünbraune Blüten. Sehr weit verbreitet. Juni–August.

Hecken

Hundsrose

Kletterstrauch mit dornigen Stängeln und duftenden Blüten. Trägt im Herbst rote Früchte, die Hagebutten genannt werden. In Hecken und Wäldern zu finden. Juni–Juli.

Wiesenkerbel

Gefurchter Stängel, federförmige Blätter und weiße Blütenkronen. Wächst an Böschungen und in Gräben. Mai–Juni.

Ruprechtskraut

Verzweigt wachsende Pflanze mit strengem Geruch. Im Herbst färben sich die Blätter rot. Gedeiht an Böschungen und in Wäldern. Mai–September.

Brombeere

Dichter Strauch mit spitzen Stacheln am Stängel und an der Unterseite der Blätter. Die essbaren Beeren werden im Spätsommer oder im Herbst reif.

Weiße Taubnessel

Weiße oder blassgrüne Blüten. Ihre Blätter ähneln denen der Großen Brennnessel, brennen aber nicht auf der Haut. März–November.

Wald-Geißblatt

Klettert in Hecken und Wäldern. Die gelblichen Blüten mit teils orangefarbener, roter oder hellvioletter Färbung verbreiten einen süßlichen Duft. Mai–August.

Felder und Wiesen

Kriechender Hahnenfuß

Goldgelbe Blüten und lange verzweigte Stängel mit behaarten Blättern. Wächst in Bodennähe im Gras. Mai–August.

Englische Kratzdistel

Dunkelrote oder lilafarbene Blüten und stachelige Blätter. Mag feuchte, sumpfige Gebiete. Juni–August.

Echte Schlüsselblume

Leicht an ihren hängenden gelben Blütenbüscheln zu erkennen. Wiesenblume. April–Mai.

Magerwiesen-Margerite

Aufrecht wachsende Pflanze mit großen weiß-gelben Blüten und gezähnten Blättern. Auf Grasflächen und am Wegrand zu finden. Juni–August.

Sie gedeiht an sonnigen Plätzen.

Schachblume

Glockenförmige, hängende Blüten mit weiß und dunkelviolett geflecktem Muster, das einem Schachbrett ähnelt. Wächst in Wäldern und auf Feuchtwiesen. Mai.

Die Blüten sind manchmal auch weiß mit rosafarbenem oder grünem Muster.

Blätter haben blasse Flecken.

Rotklee

Rötlich violette oder rosafarbene Blüten und dreiteilige ovale Blätter. Oft auf Wiesen und Grasflächen zu sehen. Mai–Oktober.

Im Wald

Schlüsselblume

Frühlingsblume mit behaarten Blütenstielen und runzligen Blättern. Wächst in Wäldern, Hecken und auf Feldern. Dezember–Mai.

Roter Fingerhut

Aufrechte Pflanze mit großem traubenförmigem Blütenkopf. Die hängenden Blüten ähneln Fingerhüten. In lichten Wäldern zu finden. EXTREM GIFTIG! Juni–September.

Großes Windröschen

Wächst im Wald und bedeckt größere Flächen. Die Blütenblätter haben außen feine rosafarbene Streifen. März–Juni.

Rote Lichtnelke

Aufrechte Waldblume mit behaartem, klebrigem Stängel und ovalen, spitz zulaufenden Blättern. Mai–Juni.

Wald-Ziest

Dunkelrote Blüten, die ährenförmig am Stängel wachsen. Gezähnte Blätter mit starkem, unangenehmem Geruch. In Wäldern, Hecken und am Wegrand zu entdecken. Juni–August.

Hain-Veilchen

Waldblume, die sich wie ein Teppich ausbreitet. Herzförmige Blätter und kurzer Sporn an den Blüten. April–Juni.

Im Wald

Scharbockskraut

Kleine bodendeckende Pflanze mit gelben Blüten. Wächst in feuchten, schattigen Wäldern und am Wegrand. März–Mai.

Gewöhnliche Goldnessel

Gelbe Blütenblätter mit rotbraunem Muster. Die gezähnten Blätter wachsen in Paaren den Stängel entlang. Mai–Juni.

Schneeglöckchen

Diese kleinen, weißen Blumen nicken dir manchmal schon aus dem Schnee zu. Januar–März.

Hain-Gilbweiderich

Rankende Pflanze mit ovalen oder herzförmigen Blättern. Gedeiht in Wäldern und Hecken. Mai–September.

Atlantisches Hasenglöckchen

Schmale glänzende Blätter und blauviolette Blüten, die wie an einer Perlenkette aufgereiht sind. April–Mai.

Kriechender Günsel

Kriechende Pflanze mit ährenförmigem Blütenkopf. Ihr Stängel ist behaart und rotviolett gefärbt. Breitet sich teppichähnlich in feuchten Wäldern aus. Mai–Juni.

Flüsse, Bäche und Teiche

Weiße Seerose

Kommt in stillen oder langsam fließenden Gewässern vor. Ihre Blätter und weißen Blüten schwimmen auf der Wasseroberfläche. Juni–September.

Gelbe Teichrose

An der Oberfläche von langsam fließenden Gewässern zu sehen. Gelbe Blütenkelche, die an langen kräftigen Stängeln aus dem Wasser ragen. Juni–September.

Drüsiges Springkraut

Die Blütenform erinnert an einen geöffneten Mund. Wenn man die reifen Samenkapseln berührt, platzen sie auf. Wächst in Fluss- und Bachnähe. Juli–Oktober.

Froschbiss

Wächst im Frühling an der Wasseroberfläche von Kanälen und Teichen. Hat mehrere glänzende rundliche Blätter. Juli–August.

Gewöhnlicher Blutweiderich

Büschelweise an Bächen, Flüssen und auf sumpfigen Böden zu finden. Stängel und Blätter sind behaart. Juni–September.

Gewöhnlicher Wasserhahnenfuß

Verankert sich mit den Wurzeln im schlammigen Grund von Teichen und Bächen. Seine Blüten bedecken die Wasseroberfläche. Mai–Juni.

Küste und Dünen

Salz-Alant

Wächst auf Meeresklippen und Salzwiesen. Große gelbe Blüten und schmale fleischige Blätter. Juli–August.

An den langen Stängeln hängen Samenkapseln.

Gelber Hornmohn

Pflanze mit zarten gelben Blüten und gezähnten Blättern. Oft an Kiesstränden zu finden. Juni–Oktober.

Blutroter Storchschnabel

Buschige Pflanze mit behaartem Stängel und gezackten Blättern. Rosafarbene bis violette Blüten. Wächst auf Klippen, Felsen und Sanddünen. Juni–August.

Gewöhnlicher Natternkopf

Rosafarbene Knospen, aus denen blaue Blüten sprießen. Wächst auf Sanddünen und an trockenen, offenen und steinigen Stellen. Juni–September.

Strand-Grasnelke

An ihren grasähnlichen Blättern und kleinen rosafarbenen Blüten zu erkennen. Wächst an felsigen Küsten und auf Salzwiesen. Mai–August.

Strand-Aster

Fleischige Pflanze mit zungenförmigen Blättern. Die Blüten sind zartlilafarben bis rötlich und ähneln Gänseblümchen. Gedeiht auf Salzwiesen und Meeresklippen. Juli–Oktober.

Moor und Heide

Echter Ehrenpreis

Breitet sich auf Grasflächen und in Wäldern aus. Die Blüten wachsen an aufrechten Stängeln. Behaarte, ovale Blätter. Mai–August.

Goldrute

Aufrechte Pflanze mit verzweigtem Stängel und gelben Blüten. In Heidelandschaften, Wäldern und auf steinigen Böden zu finden. Juli–September.

Ginster

Dunkelgrüner stacheliger Strauch, der auf Heiden und in lichten Wäldern wächst. Die goldgelben Blüten duften nach Kokos und Vanille. März–Juni.

Besenheide oder Heidekraut

Breitet sich teppichähnlich in Heiden und Mooren aus. Winzige glockenförmige Blüten in Rosa oder Weiß, die am Stängel entlangwachsen. Juli–September.

Rundblättrige Glockenblume

Glockenförmige Blüten mit blauvioletter Farbe. Gedeiht in Heide- und Graslandschaften. Juni–September.

Gewöhnlicher Hornklee

Gelbe Blüten mit rötlichen Streifen. Die Samenhülsen sehen wie kleine Hörner aus. Auf Grasflächen, Sanddünen und Felsen zu entdecken. Mai–September.

Sümpfe und Feuchtwiesen

Echtes Mädesüß

Duftende weiße Blüten in flockigen Büscheln. Wächst auf Feuchtwiesen, an Bächen und in Gräben. Mai–September.

Sumpfveilchen

Pflanze mit herz- oder nierenförmigen Blättern. Die Blüten sind zartlila und haben feine dunkelviolette Äderchen. April–Juli.

Sumpfdotterblume

Goldgelbe Blüten und große herzförmige Blätter. Wächst büschelweise an feuchten Stellen. März–Juni.

Zottiges Weidenröschen

Bedeckt größere Flächen an Flussufern und Gräben. Aufrechter Stängel mit rosafarbenen oder manchmal weißen Blüten. Juni–September.

Gewöhnlicher Teufelsabbiss

Aufrecht wachsende Pflanze mit bläulich-violetter Blüte, die wie eine Halbkugel aussieht. Mag feuchte, grasige Stellen. Juni–Oktober.

Kuckucks-Lichtnelke

Pflanze mit verzweigtem Stängel, schmalen spitzen Blättern und rosafarbenen, zerzausten Blüten. Aufrechter Wuchs. Gedeiht an sumpfigen und feuchten Stellen. Mai–Juni.

Kahle Böden und Brachen

Rittersporn

Langer, schlanker Stängel mit violett, rosafarben oder weiß gefärbten Blütentrauben. Jede Blüte endet in einem länglichen Sporn. Diese Pflanze ist EXTREM GIFTIG! Juni–Juli.

Kornblume

Ihre blauen Blüten sitzen auf einem schuppigen Blütenkörbchen. Am Rand von Kornfeldern und auf Brachflächen zu finden. Juli–August.

Johanniskraut

Die durchsichtigen Punkte auf den goldgelben Blütenblättern sehen wie winzige Löcher aus. Wächst auf Brachen, Schotter und Grasflächen. Juni–September.

Wildes Stiefmütterchen

Bunte Blüten in Lila, Gelb und Weiß. Ovale Blätter. Gedeiht auf Brachflächen und Feldern. April–Oktober.

Klatschmohn

Aufrecht wachsende Pflanze mit borstigem Stängel und zarten roten Blüten. Im Spätsommer bilden sich rundliche Samenkapseln. Wächst auf Feldern und kahlen Böden. Juni–August.

Echte Zaunwinde

Klettert an Wänden und Hecken empor. Große rosafarbene oder weiße Blüten, die wie Trichter aussehen. Juli–September.

Säugetiere

Rotfuchs

Frühmorgens oder spätabends zu beobachten. Hat einen buschigen roten Schwanz mit weißer Spitze.

Er kommt auch in Städten vor.

Wildkaninchen

Wenn es hoppelt, wippt sein flauschiger weißer Schwanz auf und ab. Frisst gern junge Pflanzen, Gras und Baumrinde.

Es lebt in großen Gruppen im Kaninchenbau unter der Erde.

Es vergräbt Nüsse für den futterkargen Winter.

Grauhörnchen

Eichhörnchen mit buschigem grauen Schwanz. Aus Nordamerika stammende, inzwischen auch in Teilen Europas verbreitete Art.

Zwergfledermaus

Schießt und zwirbelt durch die Luft und fängt dabei fliegende Insekten – bis zu 3000 in einer einzigen Nacht. April–Oktober.

Sie ist sehr klein und leicht.

Wenn er Angst hat, rollt er sich zu einer stacheligen Kugel zusammen.

Igel

Ist vorwiegend nachtaktiv und schnauft und schmatzt auf der Suche nach Schnecken. Muss vor dem Winterschlaf viel fressen. März–November.

Hausmaus

Hausmäuse leben gern in der Nähe von Menschen – sie hausen in Löchern und Tunneln, vor allem in älteren Gebäuden.

Sie ist meist nachtaktiv.

Säugetiere

Dachs

Großes und starkes Tier mit schwarz-weiß gestreiftem Gesicht und kräftigen Krallen. In feuchter Erde sieht man manchmal seine Pfotenabdrücke.

Er lebt in einem unterirdischen Höhlensystem, dem Dachsbau, und ist nachtaktiv.

Es hat kurze Beine und einen langen Körper.

Wiesel

Kleines Tier mit schlankem Körper. Huscht im Schutz von Pflanzen und Büschen auf dem Boden umher.

Damhirsch

Frisst Eicheln, Baumrinde und Beeren. Sehr schreckhaft – bei einer Begegnung verhält man sich am besten ganz still.

Das Geweih der Männchen fällt jedes Jahr ab und wächst wieder neu.

Waldspitzmaus

Winziges Säugetier mit langer, spitzer Nase. Stöbert damit auf der Suche nach Insekten und Würmern im Laub.

Eichhörnchen

Kleiner und scheuer als das Grauhörnchen. Knabbert gern an den Samen von Kiefernzapfen.

Wanderratte

Bewegt sich meist in der Kanalisation. Huscht manchmal an der Oberfläche umher und sucht nach Nahrung – frisst fast alles.

Amphibien und Reptilien

Grasfrosch

Seine glatte grüne oder braune Haut kann sich zur Tarnung heller oder dunkler färben. Februar–Oktober.

Ringelnatter

Schwimmt oft in Teichen oder sonnt sich in deren Nähe. Beißt nur äußerst selten und ist für Menschen ungefährlich. April–Oktober.

Teichmolch

An kühlen, feuchten Stellen zu entdecken. März–Oktober.

Kammmolch

Dieser große Molch hat eine raue, körnige Haut und einen orangefarbenen Bauch mit schwarzen Punkten. März–Oktober.

Erdkröte

Breit und stämmig mit kupferfarbenen Augen. Jagt nachts Schnecken. Februar–Oktober.

Fadenmolch

Im Frühling findet man ihn an Teichen in Heide- oder Moorlandschaften. Er legt dort seine Eier ab. März–Oktober.

Süßwasserfische

Siehst du seine rötlichen Flossen?

Flussbarsch

Oft im Schwarm unterwegs und an seinen orangeroten Bauch- und Schwanzflossen zu erkennen.

Dreistacheliger Stichling

Ein kleiner, aber aggressiver Jäger mit drei spitzen Stacheln am Rücken. Kommt in Seen, Bächen und sogar Küstenregionen vor.

Der Bauch des Männchens färbt sich im Frühling rot.

Sie versteckt sich oft am Grund.

Schleie

Ein schlauer Fisch mit schleimiger Haut, roten Augen und kräftiger Schwanzflosse.

Elritze

Ein kleiner Fisch, der oft in Schwärmen in seichten Gewässern unterwegs ist.

Karpfen

Großer, rundlicher Fisch, bronzefarben bis braun. Kann bis zu 45 Kilogramm wiegen und über 30 Jahre alt werden.

Hecht

Langer, schlanker Jäger mit schnabelartigem Maul und scharfen Zähnen. Lauert hinter Wasserpflanzen und schnappt blitzschnell nach seiner Beute.

Register

Übersetzung aus dem Englischen: Katja Klier und Teresa Csanády
Satz der deutschen Ausgabe: Anne-Cathrin Saure